대입논술
시선집중
손글씨
완성

대입논술 시선집중 손글씨 완성

초판 인쇄 2015년 11월 20일
초판 발행 2015년 11월 25일

지은이   시사정보연구원
발행인   권윤삼
발행처   도서출판 산수야

등록번호   제1-1515호
주소   서울시 마포구 월드컵로 165-4호
우편번호   121-826
전화   02-332-9655
팩스   02-335-0674

ISBN 978-89-8097-372-9   13190

대입논술
시선집중
손글씨
완성

원고지 쓰기와
악필 교정을
한꺼번에 해결하는
논술교재

시사정보연구원 지음

★ 악필을 명필로 바꾸는 다양하고 체계적인 구성 요소
★ 보조선과 기준선을 활용한 바른 글씨체 교정
★ 논술에 도움이 되는 단어와 문장으로 구성된 편집
★ 다양한 글씨체 연습으로 자신감 있는 자신만의 서체 완성
★ 실전 연습이 가능하도록 원고지 수록

시사패스
SISAPASS.COM

머리말

원고지 쓰기와 악필 교정을 한꺼번에 해결하는

시선집중 대입 논술 교재로 쫄지 말고 논술 쓰자!

솔직하게 말해서 논술 공부를 좀 했다고 하더라도 현실적으로 논술에 자신 있는 수험생은 별로 없다. 대입 논술전형이 교육부의 논술 정상화 방침에 따라 논술 제시지문을 교과서와 EBS 교재 내에서 발췌하여 출제하고 있지만 수험생들이 실제로 느끼는 논술 체감 난이도는 여전하기 때문이다. 아마도 글을 논리정연하게 분량에 맞춰서 밀고 나가는 힘이 부족하거나, 다양한 제시문의 핵심 키워드를 파악하지 못하거나, 원고지 분량에 압도되는 것도 그 이유일 것이다. 또한 글쓰기를 중요하게 다루고 있지 않는 교육 여건도 한몫하고 있다.

대학이 논술시험을 통해 학생들에게 묻고자 하는 것은, 교과 학습 내용을 시사 쟁점에 연결하는 능력과 도표와 통계자료, 사례 등을 텍스트로 치환해 읽어 내는 능력이다. 즉, 대입 논술 시험에서 요구하는 사항은 핵심 키워드를 논리적으로 범주화하여 생각하고, 키워드 간의 연관관계를 살펴가며 논리를 구성하고 있는가에 있는 것이다.

따라서 논술전형을 정면 돌파하기 위해서는 누가 조금 더 관심을 가지고 연관관계를 파악하면서 적극적으로 부딪혀 보는가가 중요하다. 현시점에서 강조하고 싶은 것은 자신이 지망한 대학의 기출 문제와 모의고사 문제를 섭렵하여 출제 유형을 파악한 후 반드시 원고지에 다시 써 보는 습관을 길러서 실전에 대비하라는 것이다. 모의 논술도 실전처럼 시험 시간을 엄수하고, 원고지 분량에 유의하면서 연습해 보는 것이 중요하다는 점을 꼭 기억하자.

남은 기간 동안 자신감 있는 논술 시험을 준비하기 위해서는 무엇보다 기출문제에서 자주 다루고 있는 핵심 키워드를 정리한 후 데이터화하여 이를 논리적으로 범주화하여 생각하고, 키워드 간의 연관관계를 살펴가며 논리를 구성하는 연습이 필수적이다. 예를 들어, '바람직한 삶-행복-차별과 불평등-성찰적 자세-이타심'이라는 키워드를 순차적으로 나열하여 완결된 논리를 구성할 수 있는 힘을 길러야 한다. 연습을 통하여 어느 정도 탄력이 붙으면 다양한 논제로 변형하여 그에 맞춰 사고할 수 있도록 연습하는 것이 좋다. 이렇게 하면 논제가 변형되어 출제되더라도 막힘없이 문제를 풀 수 있는 힘이 길러지기 때문이다.

모든 일에는 원리 파악이 중요하다. 논술에서도 이 원리는 적용된다. 시간이 촉박하지만 위에서 제시한 원리를 바탕으로 논술에 접근하여 기출문제를 풀면 힘들게 느껴졌던 논술을 단시간에 정복할 수 있다.

그렇다면 대학에서 원하는 논술 답안은 무엇일까? 논술 모범 답안이란 어휘구사력이 뛰어나면서도 내용적으로 풍부하고 논리의 구성 능력 또한 탁월한 그런 답안을 말한다. 논술 답안은 사실-주장-근거와 관련한 논제의 물음을 얼마만큼 타당성 있고 설득력 있는 논리로 조리 있게 조목조목 서술해 나갈 수 있는가를 묻는 것이다. 따라서 학생들은 양질의 문제(각 대학별 입학처에 게시된 기출문제)와 잘 쓴 논술 답안을 섭렵하여 글이 논제의 요구와 논증 평가 항목별 서술 유형에 맞춰 어떻게 전개되고 있는지를 살펴가며 공부할 필요가 있다. 그리고 그 논리가 어떤 어휘를 사용해서 확장되고 있는지를 반드시 살펴야 한다. 이 부분은 논술전형의 합격과 불합격을 가늠하는 핵심 포인트라 할 수 있다.

만사 불여튼튼이라고 했다. 사람을 만나면 첫인상이 중요하듯 논술은 원고지에 쓰여진 글로 자신을 드러내는 것이다. 따라서 정갈하고 정성이 깃든 글씨에 깔끔하고 정확한 원고지 사용법을 알고 작성한 답안지가 눈에 띄는 게 인지상정일 것이다. 초등학교에서 원고지 사용법을 배웠지만 상기하는 의미에서 원고지 잘 쓰는 방법을 수록하였다. 이참에 원고지 사용법을 확실히 알아서 실전에서 쫄지 말고 글을 써내려 갈 수 있도록 하자.

이 책으로 논술을 공부하는 학생들에게 팁으로 알려주고 싶은 것은 논술 문제를 막힘없이 풀기 위해서는 시험에 자주 나오는 주제의 '데이터'를 찾아, 관련된 최소한의 배경지식을 살펴보라는 것이다. 논제의 물음에 맞춰 답안을 이어 나가려면 글을 쓰는 솜씨에 내용을 채울 수 있는 '글감', 즉 관련 지식이 풍부해야 한다. 관련 지식은 배경지식이 힘이 된다는 사실을 상기하자. 논술 주제는 반복해서 출제된다. 따라서 기출문제를 풀면서 자신만의 데이터를 만들고 요즘 이슈들과 관련되는 부분을 찾는 것도 논술전형 합격의 지름길임을 꼭 기억하기 바란다.

논술 평가 기준

- 각 제시문을 올바로 이해하고 분류하였는가
- 각 제시문 안에서 키워드를 제대로 포착하였는가
- 각 제시문의 요지를 정확히 서술하고 있는가
- 키워드 간 인과관계를 포착하였는가
- 찬성 또는 반대의 입장을 취하여 정당화하는 논리전개가 적절한가
- 논리전개에서 상대편의 입장에 대한 논리적 분석을 포함하고 있는가

논술 달인을 위한 10계명

- 논제와 출제의도를 정확히 파악한다.
- 정확히 읽고 효율적으로 요약한다.
- 제시문의 논리적 연관관계를 정확하게 파악한다.
- 논제 해결에 필요한 논거를 우선 제시문에서 적절히 파악하고, 자신의 평소 지식과 정보 및 경험에서 축적한 논거들과 효율적으로 융합하여 새로운 발견적 사유를 추론한다.
- 자신의 논지와 주장이 합당한 논거에 근거하고 있는지, 반론에 취약하지 않은지 반성한다.
- 핵심 아이디어와 키워드를 정리한다.
- 효율적인 개요를 작성한다.
- 제시문보다 문제를 먼저 읽는다.
- 제시문에 그래프나 도표가 나온 경우 철저히 이해한다.
- 글(단락, 문장)의 구성력(통일성, 일관성, 완결성)을 제고하고 어문규정 및 분량을 준수한다.

각 대학의 논술 시험 공통 유의사항

1. 답안에 자신을 드러내는 표현을 쓰지 말 것.

2. 답안에 제목을 달지 말 것.

3. 제시문의 문장을 그대로 옮겨 쓰지 말 것.

4. 분량은 띄어쓰기를 포함하며, 답안지의 테두리 선을 벗어나지 말 것.

논리적으로 생각하는 훈련을 하고, 비판적이거나 창의적인 생각까지 더해 글로 정리하는 걸 반복하는 게 좋다. 논술 평가에서는 화려한 글보다는 논리적인 글이 높은 점수를 받는다.

대입 논술전형 체크포인트

최근 논술이 교과과정 내에서 출제되는 추세로 전환되면서 예전보다는 준비가 수월해졌다. 여기에 각 대학 입학처는 기출문제와 모범답안, 나아가 지난해 논술전형으로 합격한 학생의 답안도 대부분 같이 공개하기 때문에 기출문제를 통하여 출제경향을 파악하고, 데이터를 만들어서 자신이라면 어떻게 논지를 전개할 것인지 철저하게 준비하는 게 좋다.

또한 모의 논술과 타 대학의 기출문제를 섭렵하는 것도 자신감에 큰 도움이 된다. 각 대학의 기출문제를 파악하다 보면 공통되는 관심사가 눈에 들어오고, 그것이 우리 사회에 미치는 영향 등을 파악하다 보면 예상문제를 스스로 만들어 대비해 볼 수 있기 때문이다.

논술전형을 준비하는 학생이라면 먼저 자신이 가고자 하는 대학에서 공개하는 논술전형 기출문제를 풀어봐야 한다. 기출문제나 대학에서 실시하는 모의 논술을 통하여 자신의 실력을 점검하고 미흡한 점을 보완하는 게 우선 순서이기 때문이다.

또한 논술전형은 대학별 논술 유형과 출제경향을 파악하고 준비해야 한다. 인문계열의 경우

7

인문사회통합형 논술인지, 인문사회통합형에 자료해석형 논술인지, 또는 수리논술이 출제되는지 파악해야 한다. 특히 자연계열은 수리논술만 출제되는지 아니면 과학논술이 출제된다면 통합형인지 선택형인지에 관해 살펴보면서 자신에게 유리한 논술 유형을 선택해야 한다.

대학별로 다소 차이는 있으나 평가기준은 크게 이해력, 논리력, 창의력, 표현력을 평가하는 대학들이 많고 출제유형 및 문항수, 전체답안 글자수는 대학별로 지난해 출제됐던 기출문제나 올해 실시된 모의논술을 통해 반드시 확인해야 한다.

수험생은 지원대학이 결정되면 대학 입학처 홈페이지에서 지난해 기출문제를 통해 출제유형은 물론 출제의도, 모의논술 채점결과를 자세히 분석하고 지원대학의 시험조건과 동일한 조건에서 실전처럼 논술을 작성하는 연습을 꾸준히 해야 한다. 또한 대학별로 최근 공지된 논술가이드북 및 논술백서를 꼼꼼히 분석하고 대학 입시설명회 동영상을 참조하여 논술출제위원장들이 강조하는 대학 채점기준 및 유의사항을 경청하는 것도 좋은 방법이다. 또한 지망대학 입학처 홈페이지 입시자료실에 논술고사 원고지 및 답안지 양식이나 지정 필기도구가 기재되어 있다면 확인하여 당황하는 일이 없도록 준비하자.

주요 대학의 대학별고사는 교육 당국의 논술고사 정상화 방침에 따라 대체로 평이하게 출제되고 있으며, 제시문은 교과서나 EBS 교재에서 볼 수 있는 것들이 대부분이다.

인문 논술에서 요약형 논제는 요약문 자체가 하나의 독립적인 글이 되도록 자신의 언어로 표현하고, 비교 및 분석형 문제는 공통점뿐만 아니라 차이점도 분석하는 능력을 길러야 한다. 통계자료나 그래프에 대한 분석형 문제는 도표상의 단계별 변화율이나 양적 표현을 수리적으로 구체화하는 훈련을 해야 한다. 비판형, 선택형 논제와 주제에 대한 견해 제시형 문제는 적절하고 타당한 논거에 근거한 치밀한 논증 훈련이 필요하다. 수리적 문제 해결형 논제는 다양한 사회 문제 분석 과정에서 수리적 사고에 근거한 문제 해결을 요구하기 때문에 문제 해결과 관련된 수학적 개념과 원리를 정확하게 이해해야 한다.

자연계열의 수리, 과학 논술은 교과 과정에서 배운 수학, 과학 개념과 원리에 근거한 문제가 출제된다. 따라서 교과서에 실린 자료들을 먼저 깊이 있게 공부해야 한다. 공간 지각 관련 문제에 대처하기 위해서는 다양한 유형의 문제를 풀어보면서 직관적 감각을 배양해야 한다. 실생활과 관련된 문제를 해결하려면 각 단원의 상호 관계를 잘 이해하고, 통합적으로 연결해보는 연습이 필요하다. 문제를 풀이할 때는 결과뿐만 아니라, 원인과 결과의 관계를 추론해 논리적으로 서술하는 훈련을 하는 게 좋다.

차례

★ 제목

제목은 원고지 첫째 줄을 비우고 두 번째 줄 가운데에 쓴다. 좌우 빈칸이 같도록 하는 게 중요하다. 하지만 홀수로 칸이 남았을 때는 앞보다는 뒤를 한 칸 더 남도록 하는 게 보기에 좋다.

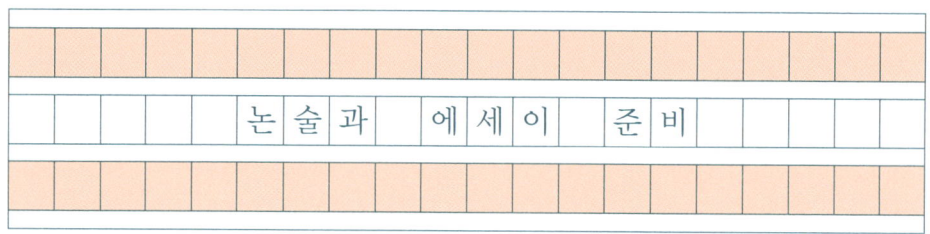

★ 학교나 소속

제목 바로 아래, 그러니까 셋째 줄은 비우고 넷째 줄에 학교나 소속을 적는 데 맨 뒤에서 두 칸을 비우고 쓴다.

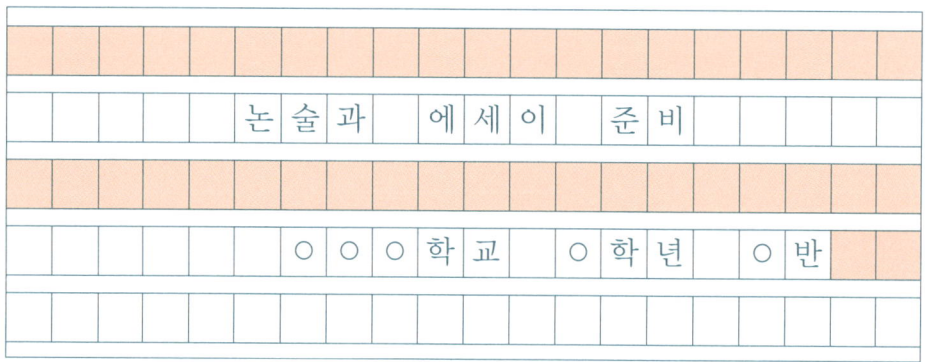

★ 이름

학교나 소속 바로 아랫줄에 맨 뒤 두 칸을 비우고 쓴다. 성과 이름은 띄우지 않지만 한 글자 이름이나 성이 두 글자일 경우에는 성과 이름을 띄우고 쓴다.

★ 글의 첫 문장

글의 첫 문장은 학년, 반, 이름 아래 한 줄을 비우고, 그 다음 줄의 첫 칸도 비운 다음 둘째 칸부터 쓴다.

★ 띄어쓰기

띄어쓰기를 할 때에는 한 칸을 비우고 계속 써 나가면 된다. 띄어쓰기 칸이 왼쪽 칸 맨 처음이 될 때에는 띄지 않고 바로 쓰는데 바로 윗줄의 오른쪽 끝의 여백에 띔표 (V)를 하면 된다.

❶ 반점이나 온점을 찍을 때는 바로 그 다음 칸부터 쓴다.

다	음	날	,	나	는		학	교	로		갔	다	.	그	리	고		친
구	를		만	났	다	.												

❷ 물음표나 느낌표 다음에는 한 칸 비우고 쓴다.

꽃	이		참		아	름	답	구	나	!		이		꽃		이	름	이	V
무	엇	일	까	?		철	수	는		궁	금	했	다	.					

❸ 띄어 써야 할 경우라도 문단이 시작되는 경우가 아니면 첫 칸을 비워 두지 않는다. 그럴 때는 띄어야 할 곳(원고지 끝)에 띔표(V)를 한다.

영	희	와		나	는		줄	넘	기	를		하	다	가		집	으	로	V
돌	아	왔	다	.														

❹ 문장의 끝이 원고지 맨 마지막 칸에 올 때는 끝 글자와 온점을 같은 칸에 쓰거나 오른쪽 여백에 써도 된다.

나	는		돌	아	오	는		길	에	서		철	수	를		만	났	다.

나	는		돌	아	오	는		길	에	서		철	수	를		만	났	다	.

❺ 원고지 오른쪽 끝 칸에서 문장이 끝나고 ? ! " " ' '의 문장 부호를 사용해야 할 때는 다음 줄 첫 칸에 쓴다는 것을 꼭 기억한다.

	착	한		철	수	가		어	쩌	다		저	렇	게		되	었	을	까
?		철	수	가		다	른		사	람	을		괴	롭	히	다	니	.	

되었을까?' ➡ 다음의 경우는 작은따옴표가 있기 때문에 첫 칸을 모두 비우고 써야 하고, 큰따옴표도 같으니 꼭 기억한다.

	' 우	리		철	수		어	쩌	다		저	렇	게		되	었	을	까
	? '																	

	" 우	리	들	은		언	제		졸	업		여	행	을		갑	니	까
	? "																	

✳ 참고
대화 글이 온점으로 끝날 때는 따옴표나 작은따옴표를 온점과 같은 칸 오른쪽 위에 쓴다.
대화 글이 물음표나 느낌표로 끝날 때는 따옴표나 작은따옴표를 다음 칸 위에 쓴다.

틀리기 쉬운 우리말	어떡해 (○) 어떻해 (×)	그래도 돼 (○) 그래도 되 (×)	금세 (○) 금새 (×)	웬일인지 (○) 왠일인지 (×)
	희한하다 (○) 희안하다 (×)	실업률 (○) 실업율 (×)	어이없다 (○) 어의없다 (×)	드러나다 (○) 들어나다 (×)

★ 줄글 쓰기

줄글은 이름을 쓴 줄의 다음 줄 비우고 일곱째 줄부터 쓰는데 처음 한 칸을 비우고 쓴다.
그리고 문단이 바뀌면 처음 한 칸을 비우고 쓰는 방식을 계속하면 된다.

			논	술	과		에	세	이		준	비			
				○	○	○	학	교		○	학	년		○	반
										홍	길	동			
	논	술	이	나		에	세	이		준	비	를		위	해	서	는		무
엇	보	다		평	소	에		다	양	한		교	과		학	습	을		통
해	서		다	양	한		주	제	의		글	들	을		주	체	적	으	로 V
읽	고		논	리	적	이	고		비	판	적	으	로		대	응	하	는	

연	습	을		꾸	준	히		하	는		것	이		중	요	하	다	.	
	교	실	에	서		이	뤄	지	는		학	습		활	동	,		즉		새
로	운		단	원	을		읽	고		핵	심		개	념	이	나		주	제
를		파	악	,		전	체	의		논	리	적		연	관	성	을		이	해 , V
새	로	운		문	제	점	을		발	견	,		그		문	제	점	에		대
한		대	안	을		모	색	,		토	론		과	정	을		통	해		대
안	들	을		심	화	하	고	,		나	름	대	로		정	리	하	여		글
로		써		보	거	나		말	로		발	표	하	는		활	동		모
두	가		논	술		준	비	의		일	환	이	요	,		나	아	가		자
기		발	전	과		세	계		발	전	을		위	한		초	석	이	

★ 문장 부호 쓰기

느낌표(!)나 물음표(?)는 글자와 마찬가지로 한 칸에 쓰고 이어지는 글은 띄어쓰기를 해야 한다. 온점(.)이나 반점(,)은 한 칸에 쓰는데 이어지는 글은 한 칸을 띄지 않고 다음 칸에 바로 글자를 쓴다.

❶ 온점(.)과 반점(,)은 아래와 같이 왼쪽 아래에 쓴다.

❷ 물음표와 느낌표는 한가운데 쓴다.

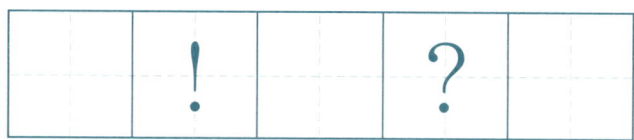

❸ 따옴표(" ")는 다음과 같이 두 가지 경우로 쓴다.

	"	영	수	야	,		우	리		공	부	하	자	."			
	"	너			재	미	있	게		지	냈	니	?"				

❹ 말줄임표(……)는 점을 6개 찍되, 한 칸에 3개씩 두 칸에 나눠서 쓰고 반드시 문장이 끝났다는 온점(.)을 다음과 같이 찍는다.

	여	행	을		가	지		않	았	으	면	…	….				

틀리기 쉬운 우리말	싫증 (O)	굳이 (O)	역할 (O)	안된다 (O)
	실증 (×)	궂이 (×)	역활 (×)	않된다 (×)
	틈틈이 (O)	휴게실 (O)	며칠 (O)	도대체 (O)
	틈틈히 (×)	휴계실 (×)	몇일 (×)	도데체 (×)

★ 인용문이나 대화문

보통 큰따옴표와 작은따옴표를 쓰는 문장으로 전체를 한 칸 들여 써야 한다. 아무리 짧은 문장이라도 이어 쓰지 않고 꼭 줄을 바꾸어 쓴다는 것을 기억해야 한다.
대화 글이 계속 이어지면 끝날 때까지 앞의 한 칸을 비우고 쓰고, 대화 글이 바탕글과 이어지는 경우에는 첫 칸을 비우지 않고 쓴다.

	"	철	수	야		잘		지	냈	니	?	"				
	"	응	,	영	희		너	도		잘		지	냈	어	?	"
	"	만	나	서		정	말		반	갑	다	.	"			

	"	언	제		그	런		말	을		한		적	이		있	니	?	"
라	고		영	희	가		말	했	어	요	.							

★ 숫자와 알파벳 쓰기

로마 숫자, 한 자로 된 아라비아 숫자, 알파벳 대문자는 한 칸에 한 글자씩 쓰고, 두 자 이상의 숫자나 알파벳 소문자는 한 칸에 두 자씩 쓴다.

I	II	III	IV	V	VI	VII	VIII	IX	X						
3	월		1	일											
A	P	P	L	E											
20	20	년		12	월		25	일							
My		na	me		is		Mi	na							

★ 시, 시조 쓰기

시나 시조를 쓸 때는 앞의 두 칸을 모두 들여 써야 한다.

만약 2연이나 3연의 동시를 쓴다면 연이 바뀔 때마다 한 줄 비우고 그 다음 줄에 쓴다.

계	절	이		지	나	가	는		하	늘	에	는
가	을	로		가	득		차		있	습	니	다
나	는		아	무		걱	정	도		없	이
가	을		속	의		별	들	을		다		헤	일		듯	합	니
다											
가	슴		속	에		하	나		둘		새	겨	지	는		별	을
이	제		다		못		헤	는		것	은
쉬	이		아	침	이		오	는		까	닭	이	요

내	일		밤	이		남	은		까	닭	이	요
아	직		나	의		청	춘	이		다		하	지		않	은
까	닭	입	니	다							
별		하	나	에		추	억	과			
별		하	나	에		사	랑	과			
별		하	나	에		쓸	쓸	함	과		
별		하	나	에		동	경	과			
별		하	나	에		시	와				
별		하	나	에		어	머	니	,		어	머	니

★ 문장 부호의 이름

글을 쓸 때 사용하는 문장 부호는 우리가 잘 아는 것도 있지만, 가끔씩 보기 때문에 잘 모르는 것도 있다.

✽ 마침표

- 온점(.) : 마침표의 하나로 가로쓰기에 쓰는 문장 부호 ' . ' 의 이름이며 서술 · 명령 · 청유 따위를 나타내는 문장의 끝에 쓰거나, 아라비아 숫자만으로 연월일을 표시할 때나 준말을 나타낼 때, 표시 문자 다음에 쓴다.
- 물음표(?) : 마침표의 하나로 문장 부호 '?' 의 이름이며 의심이나 의문을 나타낼 때에 쓴다.
- 느낌표(!) : 마침표의 하나로 문장 부호 '!' 의 이름이며 감탄이나 놀람, 부르짖음, 명령 등 강한 느낌을 나타낼 때에 쓴다.

✽ 쉼표

- 반점(,) : 쉼표의 하나로 가로쓰기에 쓰는 문장 부호 ' , ' 의 이름이며 문장 안에서 짧은 휴지를 나타낼 때에 쓴다.
- 가운뎃점(·) : 쉼표의 하나로 문장 부호 ' · ' 의 이름이며 열거된 여러 단위가 대등하거나 밀접한 관계임을 나타낼 때에 쓴다.
- 쌍점(:) : 쉼표의 하나로 문장 부호 ':' 의 이름이며 내포되는 종류를 들거나 작은 표제 뒤에 간단한 설명이 붙을 때 쓰며, 저자의 이름 다음에 책 이름을 적거나 시(時)와 분(分), 장(章)과 절(節) 따위를 구별할 때 그리고 둘 이상을 대비할 때에 쓴다.

- 빗금(/) : 쉼표의 하나로 문장 부호 '/'의 이름이며 대응 · 대립되거나 대등한 것을 함께 보이는 단어나 구, 절 사이에 쓰거나 분수를 나타낼 때에 쓴다.

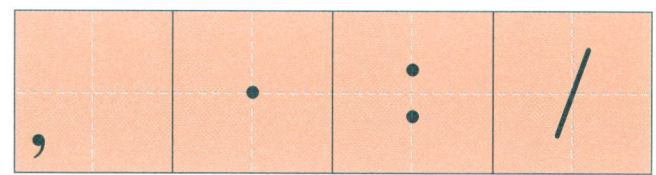

✱ 따옴표

- 큰따옴표(" ") : 따옴표의 하나로 가로쓰기에 쓰는 문장 부호 ' " " '의 이름으로 글 가운데서 직접 대화를 표시하거나 남의 말을 인용할 때에 쓴다.
- 작은따옴표(' ') : 따옴표의 하나로 가로쓰기에 쓰는 문장 부호 ' ' ' '의 이름으로 따온 말 가운데 다시 따온 말이 들어 있을 때나 마음속으로 한 말을 적을 때에 쓴다.

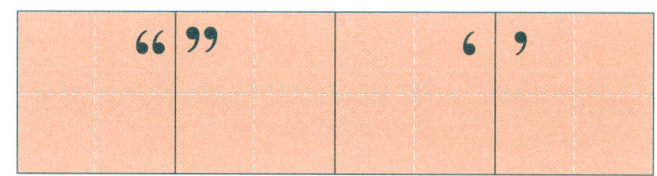

✱ 괄호

- 소괄호(( )) : 묶음표의 하나로 문장 부호 '( )'의 이름으로 원어 · 연대 · 주석 · 설명 따위를 넣을 때에 쓰고, 특히 기호 또는 기호적인 구실을 하는 문자 · 단어 · 구에 쓰며, 빈자리임을 나타낼 때에 쓴다.
- 중괄호({}) : 묶음표의 하나로 문장 부호 '{}'의 이름으로 여러 단위를 동등하게 묶어서 보일 때에 쓴다.
- 대괄호([ ]) : 묶음표의 하나로 문장 부호 '〔〕'의 이름으로 묶음표 안의 말이 바깥 말과 음이 다를 때 쓰고, 묶음표 안에 묶음표가 있을 때에 바깥 묶음표로 쓴다.

ㄱ ㄱ

교 사

ㄴ ㄴ

나 라

ㄷ ㄷ

다 리

큰	근			
口	口			
日	ㅂ			

로 마

무 리

보 물

21

ㅅ ㅅ

소 금

ㅇ ㅇ

우 주

ㅈ ㅈ

조 수

ㅊ ㅊ

초 가

ㅋ ㅋ

키 위

ㅌ ㅌ

토 끼

프	프			

파 도

흐	흐			

하 루

ㄲ	ㄲ			

까 치 발

| 1→ 3→
└ ┘
└→ 2→ 4 ㄸ | ㄸ | | |

딱 따 구 리

| 1 2 5 6
3
4 8 ㅃ | ㅃ | | |

뿔 나 비

| 1 3
2 4 ㅆ | ㅆ | | |

싸 리 비

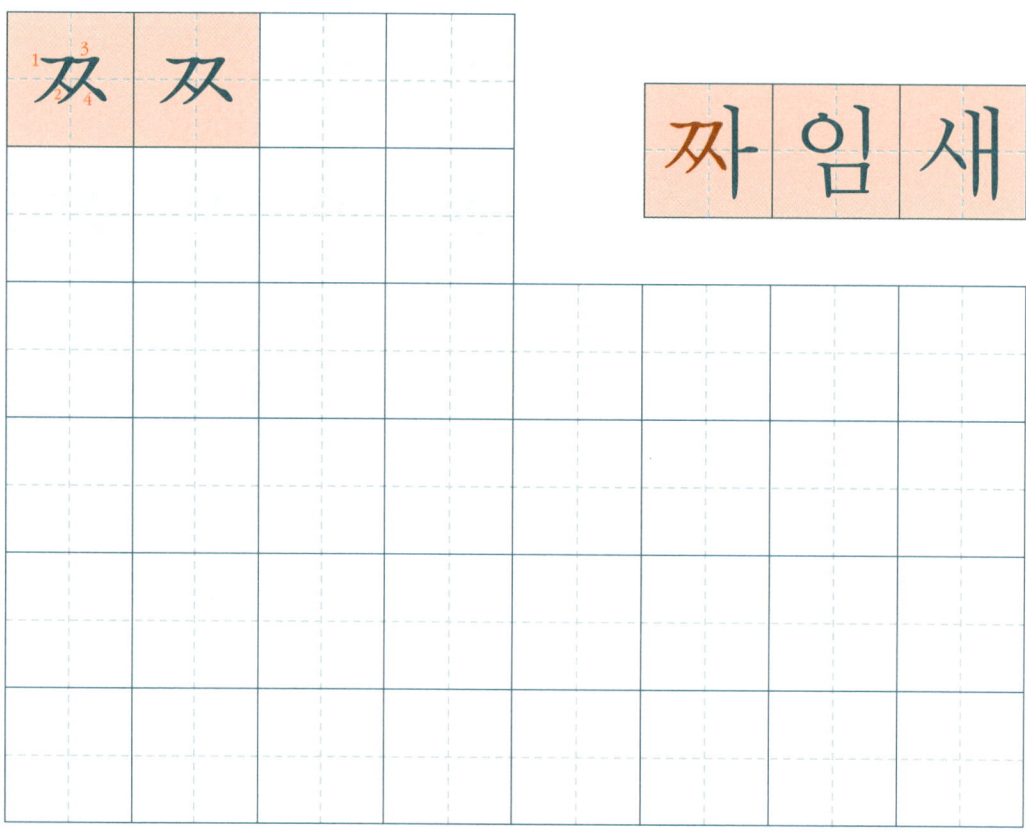

	짜	임	새

지금 이 순간 여러분이 곧 신세대입니다.

그러나 머지않아 여러분도 구세대가 되어 사라져 갈 것입니다.

여러분의 시간은 한정되어 있습니다.

따라서 다른 사람의 삶을 사느라 시간을 낭비하지 마십시오.

타인의 생각의 결과물에 불과한 도그마(절대적 권위를 갖게 될 철학적 명제나 종교상의 진리)에 빠지지 마십시오.

타인의 견해가 여러분 내면의 목소리를 삼키지 못하게 하세요.

또한 가장 중요한 것은 가슴과 영감을 따르는 용기를 내는 것입니다.

이미 여러분의 가슴과 영감은 여러분이 되고자 하는 바를 알고 있습니다.

– 스티브 잡스의 연설 중에서

ㅏ ㅏ

나 라

ㅑ ㅑ

야 생

ㅓ ㅓ

어 부

ㅕ	ㅕ			

겨울

ㅗ	ㅗ			

조국

ㅛ	ㅛ			

요람

1→ ⌐	┬			

추석

1→ ㅠ	ㅠ			

유도

1→ ―	―			

그늘

29

ㅣ	ㅣ				

시 간

ㅒ	ㅒ				

대 나 무

ㅖ	ㅖ				

애 기 꾼

ㅔ	ㅔ		

메	밀	꽃

ㅖ	ㅖ		

예	비	선	거

과	과		

과	대	광	고

ᅫ ᅫ

쇄 국 주 의

ᅬ ᅬ

외 교 사 절

ᅯ ᅯ

월 인 석 보

궤 궤

궤 도 운 동

ᅱ ᅱ

취 재 기 자

ᅴ ᅴ

의 기 충 천

	ㅏ	ㅓ	ㅗ	ㅜ	ㅡ	ㅣ	ㅔ
ㄱ							
ㄴ							
ㄷ							
ㄹ							
ㅁ							
ㅂ							
ㅅ							
ㅇ							
ㅈ							
ㅊ							

34

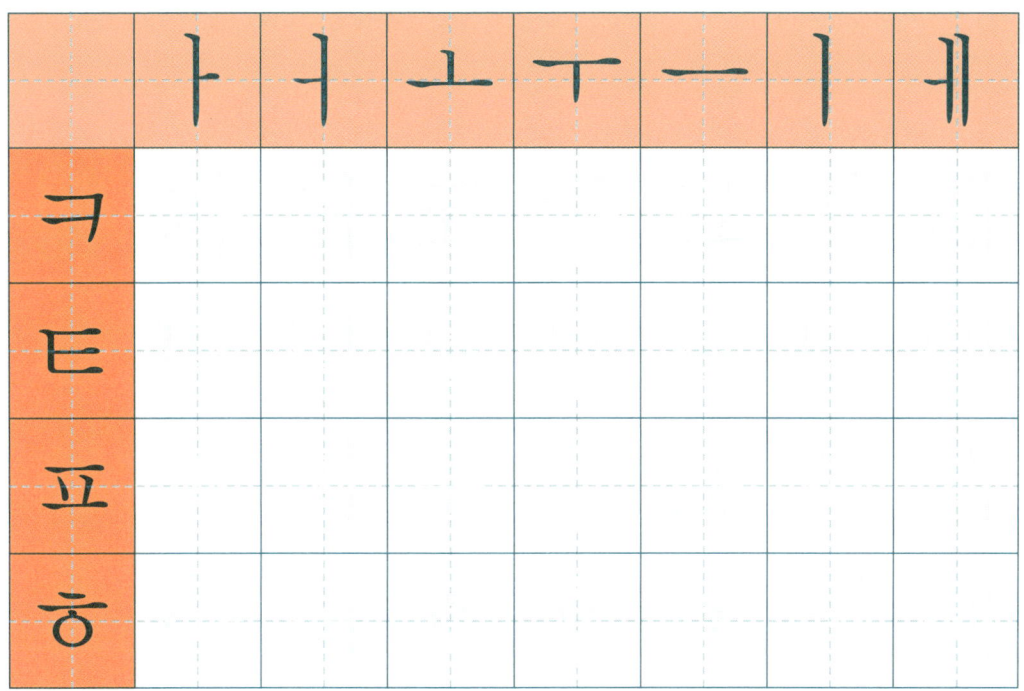

	ㅏ	ㅓ	ㅗ	ㅜ	ㅡ	ㅣ	ㅔ
ㅋ							
ㅌ							
ㅍ							
ㅎ							

다음 글자를 바르게 써 봅시다.

가	자	거	미	바	지	나	라

차	고	타	조	파	도	하	나

푸른 꿈을 읽

지 마라. 자신을

사랑하라.

행운의 여신은

자신을 사랑하는

사람을 사랑한다.

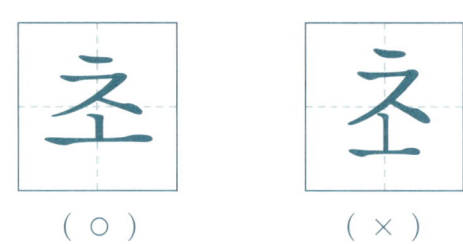

초 (○) 초 (×)

고	노	도	로	모	보	소	오

조	초	코	토	포	호	틀리기 쉬운 우리말	
						언덕빼기 (○) 언덕배기 (×)	
						요컨대 (○) 요컨데 (×)	
						오랜만에 (○) 오랫만에 (×)	
						산봉우리 (○) 산봉오리 (×)	
						무릅쓰다 (○) 무릎쓰다 (×)	
						아니에요 (○) 아니예요 (×)	

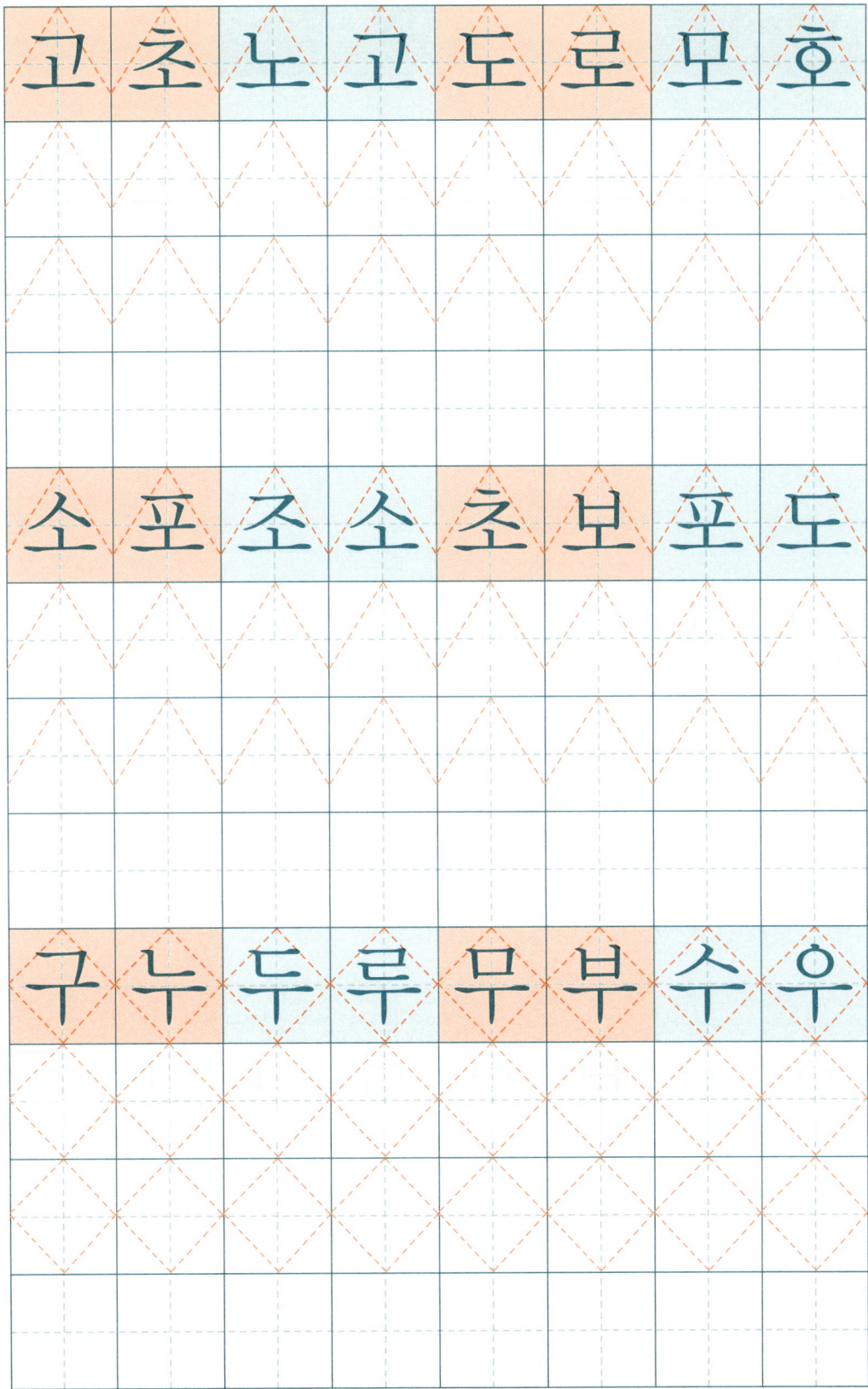

고 초 노 고 도 로 모 호

소 포 조 소 초 보 포 도

구 누 두 루 무 부 수 우

힘들다고 고민

하지 마라.

정상이 가까울

수록 힘들기 마
련이다.

가슴에 기쁨을
가득 담아라.

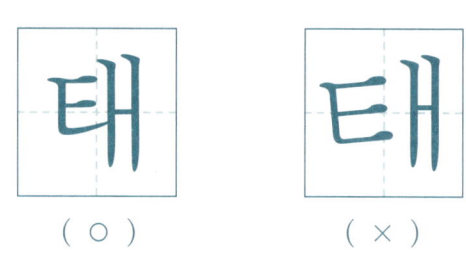

(○)　　　　　　(×)

개	내	대	래	매	배	새	애

재	채	캐	태	패	해	틀리기 쉬운 우리말	
						널빤지 (○) 널판지 (×)	
						귀띔 (○) 귀뜸 (×)	
						베개 (○) 배개 (×)	
						낯설다 (○) 낮설다 (×)	
						두 살배기 (○) 두 살박이 (×)	
						연년생 (○) 연연생 (×)	

세	계	예	매	폐	지	예	기

재	주	채	소	태	산	패	물

탐	험	택	일	튤	립	특	징

좋은 아침이

좋은 하루를 만

든다. 하루를 멋

지게 시작하라.

웃음꽃에는 천

만 불의 가치가

있다.

자음자와 모음자를 합하여 받침 글자를 써 봅시다

	ㄱ	ㄴ	ㄹ	ㅁ	ㅂ	ㅇ
가						
나						
더						
러						
모						
보						
수						
우						
지						
치						

	ㄱ	ㄴ	ㄹ	ㅁ	ㅂ	ㅇ
코						
토						
파						
하						
까						
따						
뽀						
쑤						
짜						
유						
여						

47

감 (○)   감 (×)

공 항 패 션 겸 손 관 광

인 사 정 책 복 지 사 회

목 청 몸 통 멜 빵 바 지

서체명 : 윤명조

| | 분 | 석 | 적 | 이 | 고 | | 정 | 확 | 한 | | 독 |

| 해 | 가 | | 논 | 술 | 의 | | 출 | 발 | 점 | 이 | 며 | ∨ |

| 창 | 의 | 적 | | 사 | 고 | 와 | | 문 | 제 | | 해 |

| 결 | | 능 | 력 | 을 | | 평 | 가 | 하 | 는 | | 것 |

이 논술시험의 주목적이

다. 특히 독해력을 바탕

으로 문제를 다면적·다

층적으로 파악하되, 그

결과를 일정한 서식에

서체명 : 윤명조

맞추어 전달하는 표현력

까지 측정하는 형식으로 ∨

제시되기도 한다.

　다양한 상황을 가정하

고 수험생의 판단을 요

구한다는 점도 특색이며, ∨

응답은 열려 있으나 논

증 과정이 중요하며, 주

어진 제시문을 충분히

활용하여야 한다는 점을 ∨

간과해서는 안 된다.

　하나의 문항에 속한

논제의 경우 일관된 논

증 구조를 유지하는 것

도 중요하다. 논술시험에 ∨

출제되는 제시문들은 대개 어떤 공통 주제나 개념어를 지니게 되는데 ∨ 이를 밝혀내면 제시문들의 관계와 구조가 한눈에　보인다.

　연관성이　떨어져　보이

는　글들의　공통분모를

찾아　상위　개념을　추론

하는　훈련이　필요하다.

사회 계열 문제는 자료 해석과 활용이 특징으로 나타난다. 제시된 자료를 다각적으로 관찰하여 해석하는 것에서

서체명 : 윤고딕

그치지 않고, 자료에 대

한 해석을 논거로 하여 ∨

특정 논지를 비판 혹은 ∨

평가하기를 요구한다.

　통계 등의 자료가 결

국 논지 강화를 위해

활용된다는 점에 비추면 ∨

자연스러운 귀결이다. 수

험생들도 평소 신문 기

사나 언론 보도에 활용

되는 자료의 속성과 특

징을 해석하고 평가하는 ∨

습관을 들여야 한다.

　제시문을 요약할 때

키워드 생산은 필수라는 ∨

점은 기초적인 요약 훈

련을 어느 정도 했다면 ∨

당연히 이해하고 있어야 ∨

한다. 제시문이 많기 때

문에 하나하나 어떻게

요약해야 할지 망설여

질 수 있다. 그렇다고

있는 문장, 눈에 잘 띄

는 문장을 그대로 복사

해서는 안 된다.

입장을 바꿔놓고 생각해 보자. 채점자가 대립 V항과의 연관성을 살핀후 제시문의 내용이 정확히 재생산되었는지를

파악한다면 채점자는 재

생산의 여부를 어떻게

확인할 수 있을까?

설마 삐뚤빼뚤 쓴 글

씨를 모두 꼼꼼히 읽는

다고 생각하진 않을 것

이다. 그렇기 때문에 키

워드를 정확히 보여줘야 ∨

한다. 이 제시문에서 사

용된 주된 소재나, 사례 ,

개념을 정확히 인용해

주면서 제대로 읽었다는 ∨

것을 티내는 것이죠. 그

러려면 일종의 표를 그

려서 사용해도 괜찮고,

그게 귀찮으면 정리라도 ∨

해 두면 된다.

    전체는 하나의 주제로 ∨

돼 있는데 간혹 문제

하나하나에 집중하다 보

면　이런　사실을　까맣게 V

잊는　경우가　발생한다.

특히　마지막　문제를　풀

때　그런　경우가　종종

발생한다.

처음에도 그랬듯이 대

립되는 요소를 모두 활

용하여 이에 맞게 해석

이 되는 자료를 놓고

설명을 요구하기도 하고,

비판을 요구하기도 한다. 마지

막 문제도 이 연장선상에 있

다는 것을 여러분은 잊어서는

안 된다. 따라서 문제가 요구

하는 바를 전체 주제 안에서

한 번 더 생각해 봐야 한다.

기본적으로　고교　교육　과정

을　정상적으로　이수한　학생이

라면　누구나　접근할　수　있는　∨

기본개념과　기본　원리를　토대

로　인간, 사회　및　자연의　문

제를　논리적·종합적으로　사고

서체명 : 윤명조

하고, 그 사고 결과를 문제 해

결에 창의적으로 응용하는 능

력을 측정한다.

　단편적인 암기를 지양하고

논리적이고 종합적인 사고를

유도하는 문제를 출제한다. 즉,

72

단순한 지식의 나열보다 궁극

적으로 해결해야 할 것이 무

엇인지를 파악하고 그에 대한 ∨

다양하고 창의적인 해결책을

논리적으로 제시하도록 한다.

또한 표나 그림 등 다양한

자료를 해석하고 이를 활용하

여 문제를 해결하는 능력을

평가한다.

가슴에 담은 것만이 내 것

이니 이를 명심하자.

논술답안지

모집단위		수험번호		성명	

100

200

300

400

500

75

논술답안지

모집단위		수험번호		성명	

논술답안지

100

200

300

400

500

논술답안지

모집단위		수험번호		성명	

논술답안지

모집단위		수험번호		성명	

논술답안지

모집단위		수험번호		성명	

85

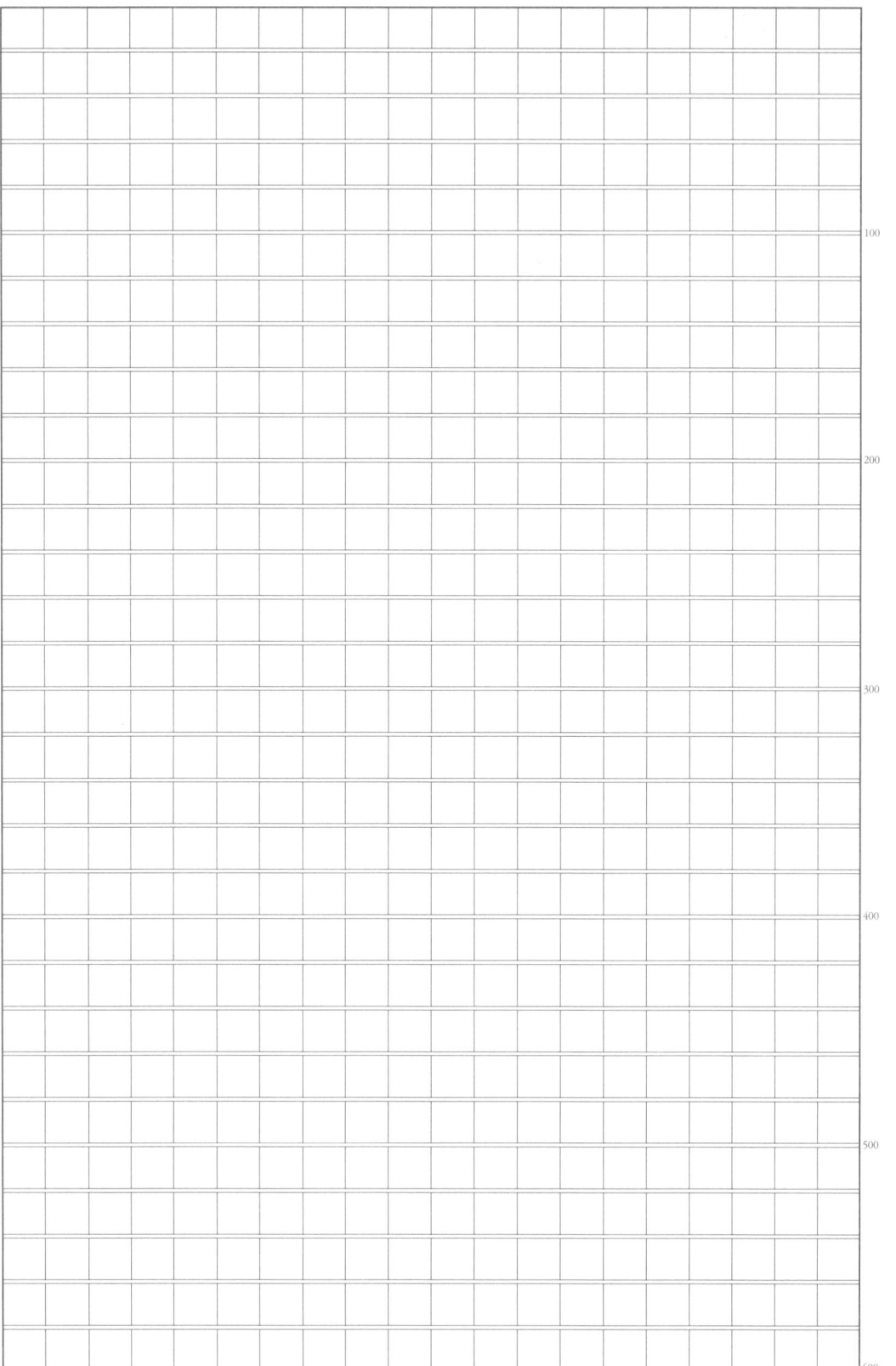

100

200

300

400

500

600

86

모집단위		수험번호		성명	

100

200

300

400

500

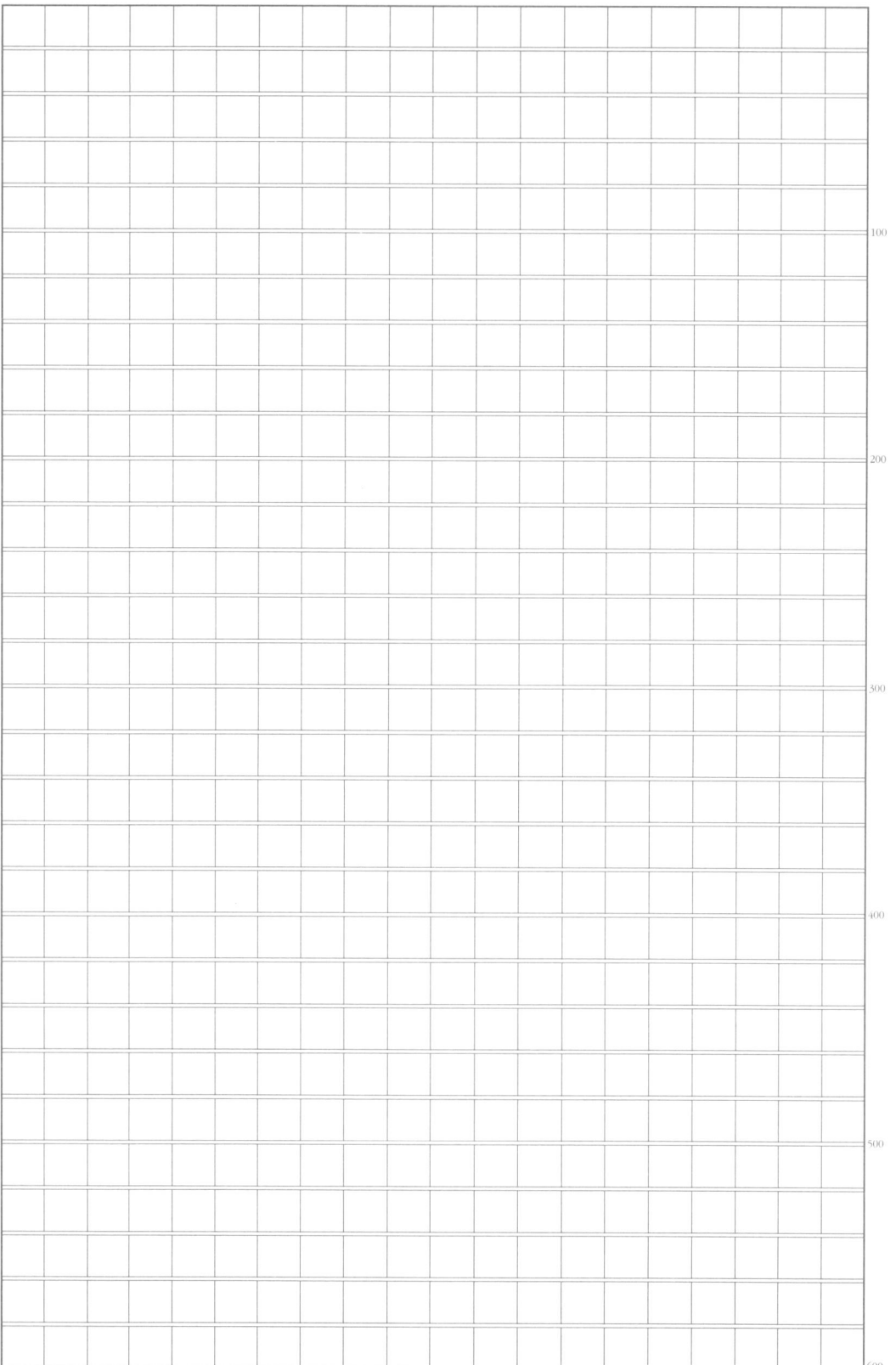

100

200

300

400

500

600

논술답안지

모집단위		수험번호		성명	

논술답안지

모집단위		수험번호		성명	

100

200

300

400

500

100

200

300

400

500

600

95

100

200

300

400

500

600

97

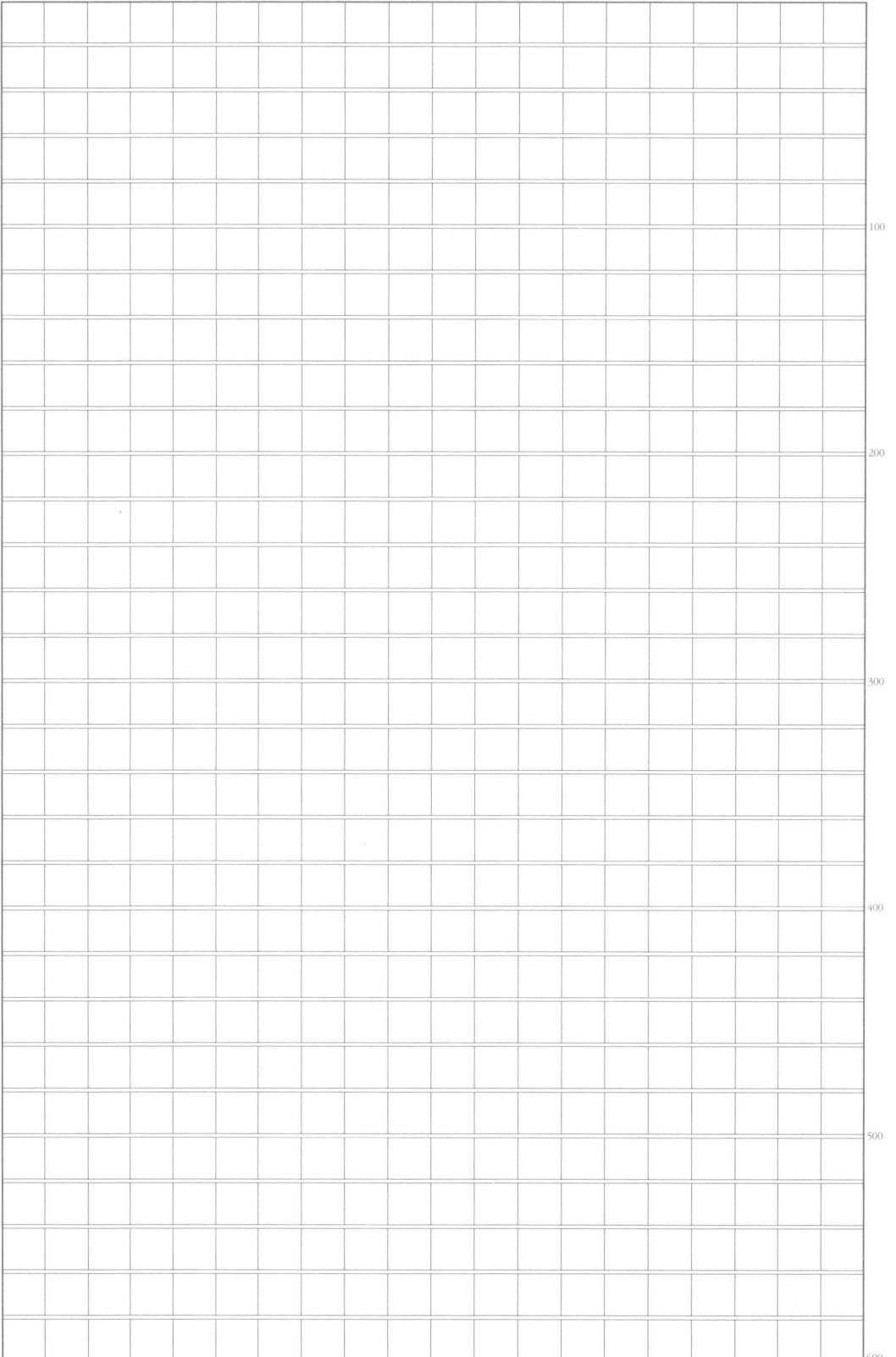

100

200

300

400

500

600

99

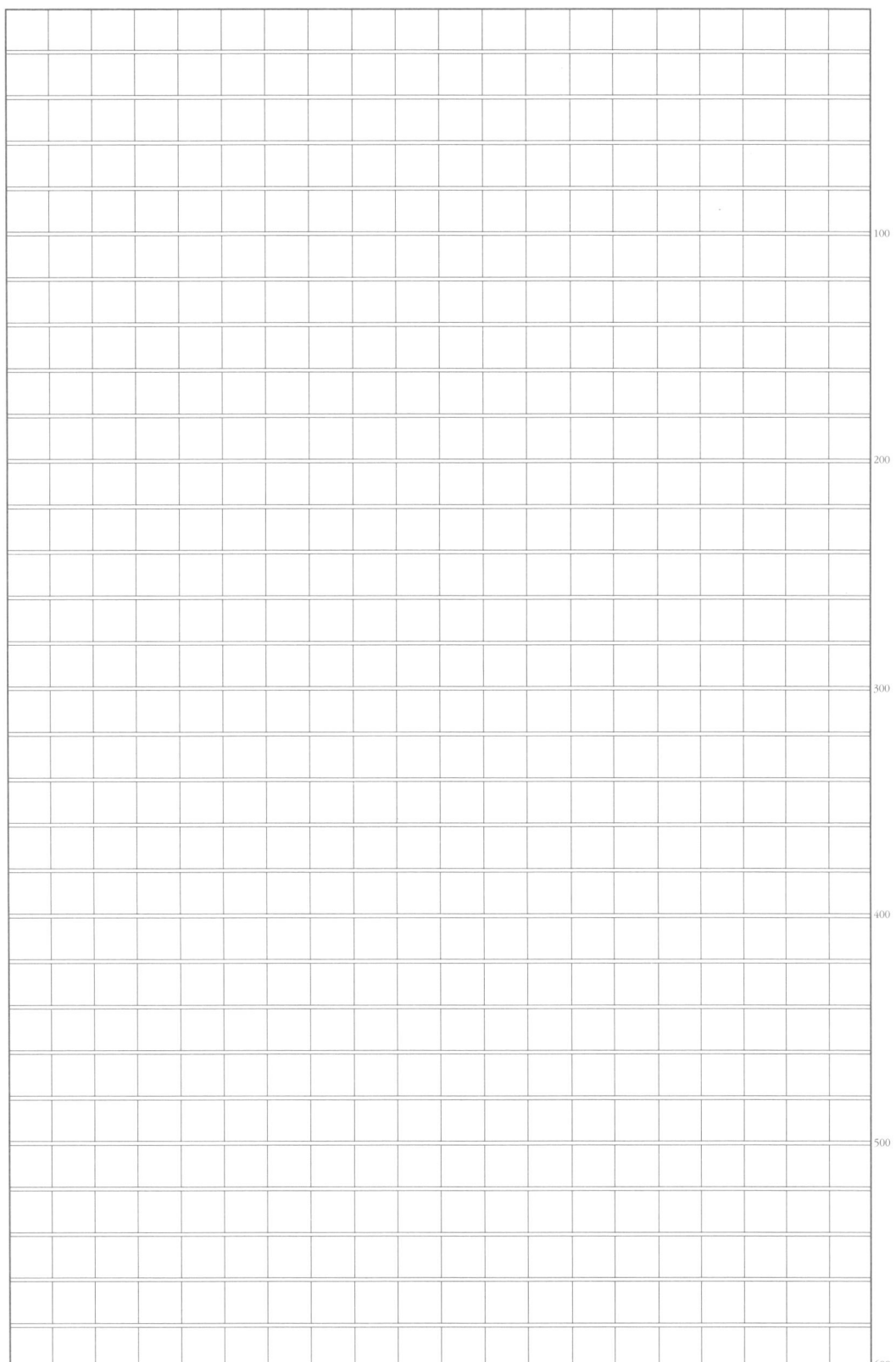

100

200

300

400

500

600

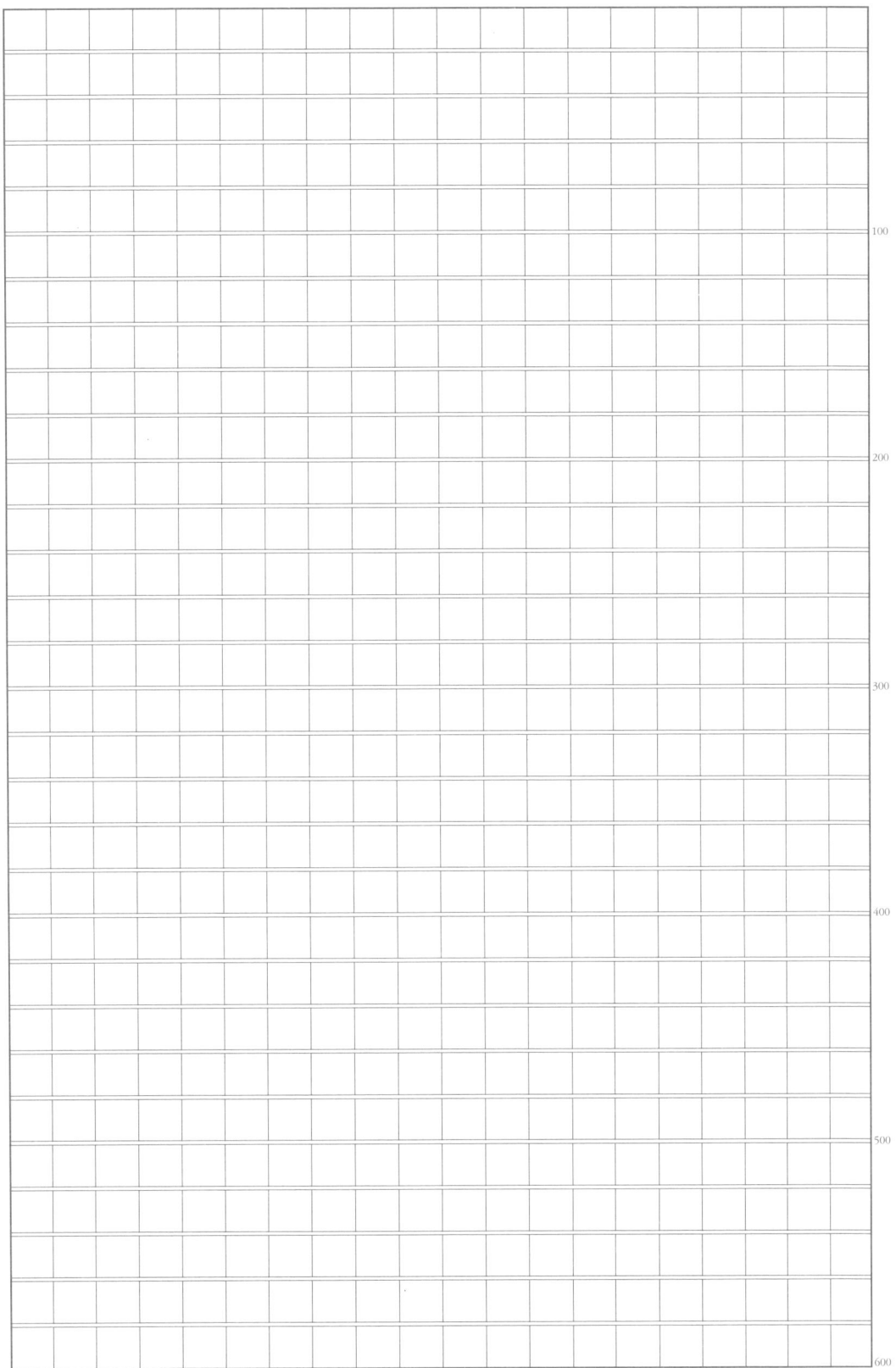